W0320462

LE LIVRE DES ÉTUDIANTS

Copyright 2021 - Grégoire Dossier

Merci d'avoir acheté une édition autorisée de ce livre et d'accepter les termes du copyright selon lesquels toute reproduction ou distribution d'une partie ou de l'intégralité de ce livre sans l'accord explicite de son auteur est interdite.

SOMMAIRE :

INTRODUCTION

Ce que tu tiens entre les mains n'est pas un manuel de méthodologie mais un petit livre pratique pour les étudiants.

J'y ai rassemblé ce que je pense avoir compris du monde des étudiants dans lequel je suis rentré il y a maintenant cinq ans.

Je connais les angoisses des étudiants, je connais le blues du dimanche soir et la déprime du lundi matin.

Je pense aussi que le problème majeur des études n'est pas lié à la difficulté des enseignements mais plutôt au manque de sens des centaines de pages de cours à assimiler.

C'est pourquoi j'ai écrit ce livre, qui prend la forme de dix règles, celles qui m'aident le plus dans mon quotidien et qui redonneront du sens à ta vie étudiante.

Ce que je pense.

Je pense que les étudiants se brident.

Ils n'osent plus être ambitieux.

Ils ont le sentiment de toujours manquer de temps.

Ils doutent d'avoir les capacités de réussir.

Ils ont aussi très peur du jugement des autres.

Ça, c'est le plus gros problème.

Ce n'est pas facile, on est d'accord.

Quand on passe la plupart de ses journées entouré d'étudiants, c'est difficile de se mettre en avant.

On se sent constamment observé.

On se demande ce qu'on a de plus que les autres.

On préfère se fondre dans la masse et ne pas faire de vagues.

Mais après avoir discuté avec de nombreux étudiants..

J'ai découvert que nous étions tous les mêmes en réalité..

On passe notre vie dans la tête des autres : à se demander ce qu'ils pensent de nous, s'ils sont en train de réviser actuellement, s'ils comprennent le cours mieux que nous..

Je pense aussi que tu peux en faire plus.

Ça, j'en suis convaincu.

Actuellement, tu n'exploites qu'une petite partie de ton potentiel.

Il y a des méthodes à connaître et des règles à appliquer qui peuvent réellement améliorer ton quotidien.

Des méthodes qui peuvent te permettre de mieux travailler, d'apprendre plus facilement, de te libérer plus de temps dans tes journées et de remettre de l'ordre dans ta vie.

Le challenge

Ce livre prend la forme de dix règles.

Le challenge est que tu puisses terminer ce livre en dix jours.

Que tu le gardes près de ton bureau, pour y revenir si besoin.

Que tu aies l'habitude de lire ou non, je vais te donner envie de finir ce livre.

Il y a aura des conseils simples, d'autres plus complexes..

Tu découvriras également des schémas, des exemples et des images pour faciliter ta compréhension.

Le but est aussi que tu prennes du plaisir à lire ce petit livre.

On commence?

La rentrée des classes

À l'heure où j'écris ces lignes, ma rentrée en Master 2 approche et je ne ressens aucune angoisse. C'est la première fois que ça arrive.

C'est pour cette raison que je ressens le besoin d'écrire un livre aujourd'hui.

J'ai l'impression d'avoir découvert quelque chose, d'avoir enfin en tête une perspective qui me permet de ne plus avoir peur de mes études. J'ai pour la première fois l'impression d'avoir ma vie entre mes mains.

Mais je sais ce que tu penses, ce que tu ressens à la rentrée.

Je connais ce sentiment de dégoût d'apprendre un cours que l'on trouve sans intérêt.

Je connais cette angoisse du futur, de ne pas oser imaginer où l'on sera dans cinq ans, cette impression de ne pas savoir où l'on va, la peur de ne pas trouver sa place plus tard, d'être malheureux dans son futur boulot etc.

Je connais cette déprime du dimanche soir et les remises en question qui vont avec.

Je connais tout ça.

En réalité, j'ai été perdu la majeure partie de ma vie.

J'ai moi aussi cherché à me mettre en couple pour "échapper" à la solitude, pour oublier que je ne me sentais pas si bien que ça ni dans mon corps ni dans ma tête.

J'ai été jaloux, peu confiant, arrogant, parfois pessimiste.

J'ai surtout été très longtemps perdu quant à mon avenir et à ma place dans ce monde.

J'ai moi aussi passé des journées entières dans le lit, volets fermés, en regardant Netflix et en mangeant par ennui plus que par faim.

J'ai passé mon adolescence à me voir comme un fainéant.

Je connais le vrai ennui et le manque de sens.

Je connais ce sentiment d'avoir du potentiel mais de ne pas savoir comment l'exprimer.

Depuis la 6ème, la même phrase notée sur mon bulletin scolaire..

« Grégoire a du potentiel mais il peut mieux faire »

LE CONCEPT DERRIÈRE CE LIVRE

De toutes les techniques de prise de notes que j'ai pu essayer au cours des dernières années, je n'ai jamais rien trouvé de plus efficace que de **transformer des connaissances en règles.**

La plupart des livres de non-fiction que j'ai lus font en moyenne 300-400 pages et sont généralement assez captivants pour être lus en entier.

Le problème est qu'ils finissent ensuite définitivement rangés dans une bibliothèque. Il faudrait pouvoir les relire chaque jour pour garder toutes ces nouvelles connaissances en tête..

.. À moins de transformer ce que l'on vient de lire en règles.

Notre mémoire a ses failles.

Ce qui perdure, ce sont les principes, les règles importantes à nos yeux.

Un bon conseil est avant tout un conseil que l'on n'oublie pas.

Quand tu passeras par une mauvaise passe, tu n'auras pas envie de bouger.

Tu n'auras pas envie d'aller chercher une citation perdue dans un bloc-notes ni de chercher un passage surligné dans un livre.

En revanche, tu ne pourras pas oublier un principe, une règle.

C'est pourquoi je procède toujours de cette manière :

J'essaye de simplifier toutes mes connaissances en règles.

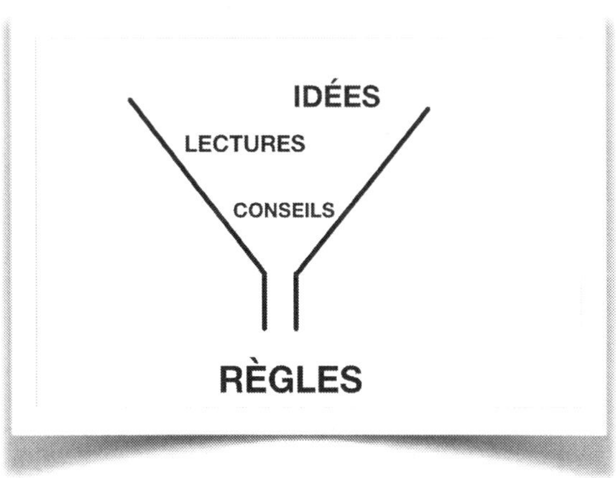

En faisant ça, je m'assure de ne plus jamais oublier un bon conseil, une idée intéressante ou un passage d'un bon bouquin..

Aujourd'hui, j'ai une vingtaine de grandes règles qui guident mes journées.

Sans elles, je n'irais pas aussi vite, je ne serais pas aussi épanoui et je n'aurais eu ni le courage ni l'envie d'écrire un livre. Ce sont 10 de ces règles que nous allons voir ensemble dans ce livre.

Avant de commencer, je t'invite à remettre en question chacun de ces principes et à les adapter à ton expérience personnelle.

Encore mieux, je t'invite à créer tes propres règles et principes de vie en t'inspirant des miens.

On commence.

RÈGLE N°1 : RESTE OCCUPÉ

Occupe-toi, reste occupé.

Cette phrase est généralement mal interprétée. La plupart des étudiants ont l'impression d'être la tête sous l'eau, de se noyer sous la masse de travail à fournir et de toujours être en retard dans leur planning..

Alors évidemment quand on leur dit de « rester occupés » , ça passe mal..

Ce qu'il faut comprendre avec ce conseil, c'est que le temps libre non organisé ruine ta productivité.

Le temps libre est un nid à procrastination.

« Être occupé » ne veut pas dire ne plus jamais avoir de temps libre. Ça ne veut pas dire non plus que tu dois travailler toutes les minutes de la journée.

S'occuper, ça veut dire être suffisamment rationnel pour savoir que l'on risque de procrastiner si l'on a une après-midi entière devant nous sans réelle obligation.

Que ce soit une obligation vis à vis de l'université (un devoir à rendre, un TD à préparer) ou vis à vis de nous-mêmes (une séance de sport, une heure de lecture..), le temps libre non organisé se transforme généralement en temps gâché et en regrets.

Si tu n'organises pas ton temps libre, la procrastination viendra s'installer dans ton planning.

Elle viendra te prendre ton temps, ton énergie et te donnera la sensation que n'importe quelle tâche représente une montagne d'efforts.

Elle te collera à ton canapé, à ton téléphone et te laissera un goût amer de culpabilité à la fin de la journée.

La solution est donc d'organiser tes pauses, tes moments de relaxation et de prévoir quelques activités qui te ressourcent.

Si tu veux faire une pause, prévois-la.

Si tu veux regarder tes réseaux sociaux, prévois-le.

Si tu veux regarder un épisode d'une série, prévois-le.

En faisant ça, tu t'enlèveras tout sentiment de culpabilité.

Pour rappel, la culpabilité vient du fait de faire quelque chose que « l'on n'est pas censé faire à ce moment précis » ou d'être « à un endroit dans lequel nous ne sommes pas censés être ».

Si tu prévois cette heure de procrastination alors elle sera moins culpabilisante. Si tu prévois cette heure de sport alors elle sera moins culpabilisante.

Prévois plus, culpabilise moins.

Rester occupé, ça veut également dire se donner le juste temps pour faire une tâche.

Mais d'abord, il faut comprendre le concept de la loi de Parkinson..

La loi de Parkinson :

Voici ta productivité lorsque tu te laisses trop de temps pour faire une tâche en particulier.

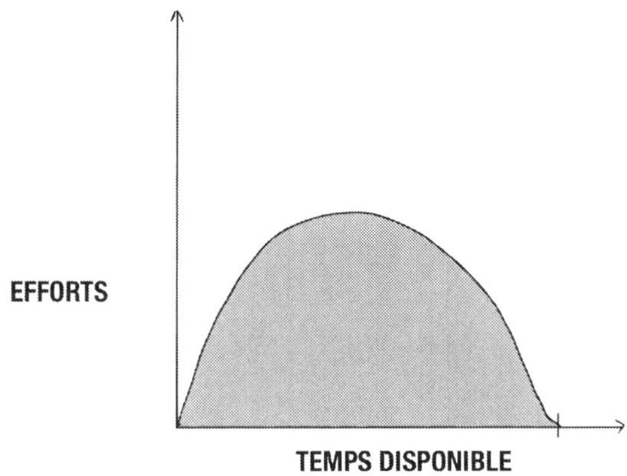

Analyse : Productivité faible, le travail a été réalisé mais il a épuisé tout le temps disponible.

Et maintenant, voici ta productivité lorsque tu t'organises et que tu te donnes le juste temps pour faire une tâche en particulier.

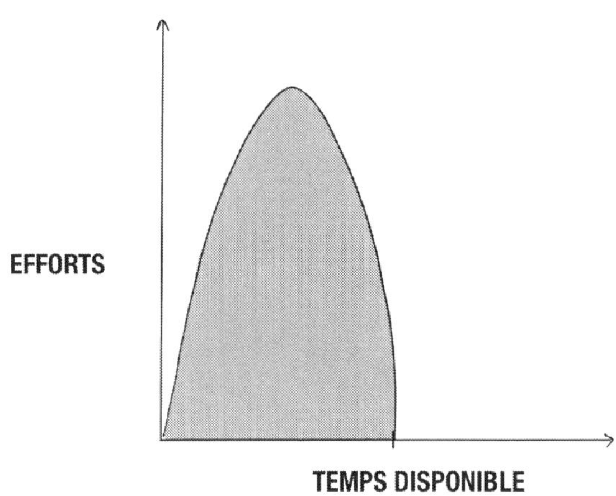

Analyse : productivité élevée, beaucoup d'efforts ont été réalisés dans un temps court. Il reste même du temps disponible pour te reposer.

Ce qu'il faut comprendre : le travail s'étale de façon à occuper le temps disponible pour son achèvement.

Autrement dit, si tu bénéficies de six heures pour réaliser une tâche tu seras probablement moins productif que celui qui bénéficie de trois heures pour réaliser cette même tâche car il s'impose un délai.

À la fin de la journée, on peut imaginer que l'étudiant ayant été productif se sentira mieux que l'étudiant ayant passé la journée sur son bureau, à alterner périodes productives et moins productives.

N'oublie pas qu'en tant qu'humains, nous avons besoin d'être en mouvement pour nous sentir bien.

Et que plus l'on se sent fier de soi, plus on a envie de continuer à fournir des efforts. C'est ce que l'on appelle le « momentum » dans les bouquins de productivité.

La loi de Parkinson permet donc d'améliorer son efficacité en diminuant le temps nécessaire à la réalisation d'une tâche.

Elle montre aussi l'intérêt de réduire le temps disponible pour réaliser une tâche et d'éviter l'erreur du fameux « ça va, j'ai le temps »..

« Ça va, j'ai le temps.. »

Si tu souhaites ruiner la productivité de quelqu'un, dis-lui qu'il a toute la journée pour le faire.

Reviens voir cette même personne quelques heures plus tard et tu te rendras compte qu'elle n'a probablement pas avancé dans son travail.

(En tout cas, elle aura probablement été moins productive que celui qui n'avait que quelques heures devant lui pour accomplir cette tâche).

Plus tu as de temps pour faire des efforts, plus tes efforts seront dilués dans le temps.

Le cerveau humain fonctionne bien sous pression, n'hésite pas à réduire le temps disponible pour accomplir une tâche.

Et surtout, ne te dis jamais que tu as toute la journée (ou pire, toute la semaine ou tout le mois) pour faire quelque chose.

Si la plupart des étudiants commencent leurs révisions trop tard, c'est qu'ils sont partis du principe qu'ils avaient tout un semestre pour réviser.

Quand tu es étudiant, tu es autonome.

Plus personne ne viendra te sanctionner si tu ne fais pas tes devoirs. Tu dois être ton propre patron et trouver un équilibre entre te mettre suffisamment de pression pour travailler de manière efficace et t'accorder des temps de repos nécessaires à la bonne mémorisation de tes cours (et à ta santé mentale).

Encore une fois, ne te laisse jamais trop de temps libre.

Reste occupé.

Et si tu n'arrives pas à te concentrer, mets en place des rappels.

L'astuce des rappels

Si tu sais d'avance que tu auras du mal à travailler dans la matinée, prévois un rappel.

L'idée d'un rappel est de prévoir volontairement une **activité n'ayant rien à voir avec ton travail** qui t'obligera à penser à autre chose.

C'est ça que j'aime avec les rappels.

Tu dois être capable de te rappeler régulièrement que tu n'es pas seulement étudiant. Tu as aussi des passions, une vie sociale, une vie personnelle et tu as aussi un droit à la déconnexion.

Un rappel t'oblige à penser à autre chose qu'à tes cours, ce qui d'ailleurs est fondamental pour mémoriser une information. Ton cerveau a besoin de pauses pour créer des liens entre les notions de cours que tu es en train d'assimiler.

Un bon rappel peut être une pause après une session de travail, une balade en extérieur, une séance de sport, un appel à un pote etc. Pour que cela fonctionne, il faut **s'engager** à faire autre chose que du travail universitaire.

Sans oublier que tu profites beaucoup mieux d'une pause ou d'un entraînement après avoir fait le travail. Tu seras fier de toi.

Le travail, c'est comme le linge qui traîne dans ta chambre..

Tu peux le cacher dans une armoire pour ne plus le voir ou décider de ranger ta chambre (=faire ton travail) pour te sentir enfin libéré.

Action du jour : la prochaine fois que tu auras ton planning devant toi, pense à organiser ton temps libre et à planifier quelques rappels tout au long de la semaine.

Ne laisse pas tes notes définir qui tu es.

Mais ne laisse pas non plus la procrastination gâcher tes journées.

La procrastination est une force de la nature.

C'est une forme de résistance très puissante.

Chaque tâche non accomplie te prend un peu d'espace mental, comme des fichiers qui s'accumulent sur un disque dur.

Si tu ne veux pas saturer, pense à organiser au maximum tes journées, à réduire le temps libre non planifié, à prévoir tes sessions de repos et à te donner le temps nécessaire pour accomplir une tâche.

Te voir procrastiner n'est pas quelque chose d'agréable.

Cela change ta perception de toi-même.

Te voir comme un procrastinateur détériore ta confiance en toi.

C'est pour toutes ces raisons que tu dois rester occupé, mais aussi t'entourer de personnes meilleures que toi..

RÈGLE N°2 : ENTOURE TOI DE PERSONNES MEILLEURES QUE TOI

Ne les jalouse pas.

C'est très facile d'envier une personne qui fait quelque chose de mieux que nous ou qui a quelque chose de plus que nous.

Mais la jalousie empêche le progrès. Elle t'empêche de voir ce qui permet à ces personnes de réussir.

Quel que soit le domaine, les personnes qui réussissent connaissent, appliquent ou inventent des méthodes qui marchent mieux que la moyenne.

Ne tombe pas dans le piège de « c'est de la chance ». C'est un facteur évident de la réussite mais ce n'est pas le seul.

Autrement dit, pendant que certains seront aveuglés par l'idée que c'est « juste de la chance », fais des recherches, étudie les habitudes des personnes à succès. Cherche à comprendre ce qui les motive au quotidien et leur vision des choses.

J'ai beaucoup étudié les étudiants en médecine.

Ils m'intéressent car ce sont eux qui doivent assimiler le plus d'informations en un minimum de temps.

Quand j'ai fait mes recherches sur les meilleurs étudiants en médecine, je me suis rendu compte qu'ils faisaient à peu près tous des flashcards sur un logiciel appelé « Anki* ».

Depuis que j'utilise ce logiciel pour apprendre mes cours de droit, ma vie d'étudiant n'est plus la même.

J'apprends mes cours plus vite, j'ai plus de temps pour avancer dans mes projets, pour développer ma chaîne Youtube et gérer ma vie sociale etc.

Si j'avais jalousé ces étudiants en disant « Ils ont juste une bonne mémoire, pas moi.. » et évité toute remise en question alors je n'aurais jamais découvert cette méthode de travail.

Étudie les personnes meilleures que toi, entoure-toi de personnes meilleures que toi et tu progresseras sans t'en rendre compte.

**ma vidéo sur le sujet : « Comment faire ses premières flashcards avec Anki ? (Tutoriel) »*

Progresser sans s'en rendre compte

Tu as déjà remarqué avoir changé de manière de parler après avoir passé beaucoup de temps avec quelqu'un puis commencer à reprendre ses expressions, ses tics de langage?

C'est exactement la même chose avec le progrès.

Si tu t'entoures de personnes positives, plus intelligentes ou plus expérimentées que toi, tu vas inconsciemment adopter leur manière de penser, de faire et de travailler.

Il n'y a pas de manière plus rapide de progresser que de s'entourer de personnes meilleures que soi.

Le hack de progression

Entoure-toi de personnes qui ont déjà pour habitudes les actions que tu veux intégrer dans ton quotidien.

Autrement dit, entoure-toi de personnes pour qui c'est facile de faire quelque chose de difficile pour toi.

Si c'est difficile de faire une séance de sport pour toi aujourd'hui, entoure toi de personnes qui s'entraînent tous les jours.

Tu n'as même pas besoin de les connaître, tu peux simplement les suivre sur les réseaux sociaux.

Quand j'ai commencé le sport, j'ai commencé à suivre sur Instagram plein d'influenceurs de Fitness de nationalités différentes qui s'entraînaient quasiment chaque jour.

On ne se rencontrera jamais mais ils m'ont donné l'inspiration de faire mes premières pompes quand j'ai commencé le sport.

Faire du sport me paraissait évident tant je voyais des personnes s'entraîner dans mes abonnements Instagram.

Essaye donc de rester au contact de personnes pour qui quelque chose de nouveau pour toi (pour l'instant) est quelque chose d'absolument normal et d'automatique pour eux.

Pour les études, c'est la même chose.

Essaye de t'entourer de personnes pour qui réviser est une habitude.

Sois au maximum au contact de ces personnes.

Tu n'as même pas forcément besoin de les fréquenter.

Quand j'ai augmenté ma fréquence de travail durant ma troisième année de droit, je suis « entré en compétition » avec un gars de la bibliothèque que je ne connaissais même pas.

La compétition de la bibliothèque

Il y avait un étudiant qui arrivait chaque matin aux alentours de 9h00 à la BU de Caen.

Mon objectif était d'être déjà en train de travailler quand il arrivait.

Sans le savoir, il m'a aidé à être plus ponctuel.

Même chose à la salle de sport. Mon objectif était de faire une séance plus intensive que toutes les personnes autour de moi. Je voulais transpirer plus qu'eux et travailler plus dur qu'eux.

Dwayne Johnson (The Rock) répète souvent « *Sois celui qui travaille le plus dans la pièce dans laquelle tu es* ».

Quand j'entre dans une bibliothèque ou une salle de travail (virtuelle ou en ligne), j'essaye d'être la personne la plus concentrée de la pièce et la plus efficace dans son travail.

Ça ne m'empêche pas de discuter avec des étudiants ou de répondre à mes messages pendant la pause.

Mais quand je travaille, je travaille.

Le but n'est pas d'être le meilleur pour être le meilleur.

Le but est de se servir de la présence d'autres personnes autour de nous pour nous pousser à en faire plus. La concurrence est saine.

Toute l'énergie que les autres étudiants utiliseront à se comparer, à se demander où en sont les autres dans leurs révisions et combien de pages les autres arrivent à lire en une heure.. tu l'utiliseras pour travailler.

Et ne t'inquiète pas, tu vas réussir.

Si tu connais les bases..

RÈGLE N°3 : CONNAIS LES BASES

Il existe des principes fondamentaux de productivité, il faut les connaître.

Le premier est celui de la **loi de Parkinson** (que tu connais déjà).

Le deuxième est celui de la **friction au démarrage**, que tu connais aussi si tu suis ma chaîne Youtube (et mon podcast) mais qu'il est toujours intéressant de rappeler.

La friction au démarrage

En deux phrases.

Si tu veux agir, élimine la friction.

Si tu veux résister, ajoute de la friction.

Exemple 1 : si tu veux augmenter tes chances de travailler sur ton bureau demain, fais en sorte qu'il soit propre ce soir (on élimine la friction).

Exemple 2 : si tu veux augmenter tes chances d'être de bonne humeur demain, ne touche pas à ton téléphone la première heure de la journée et mets-le dans une autre pièce.

Si tu veux supprimer un comportement que tu répètes depuis trop longtemps : ajoute de la friction.

Si tu passes trop de temps sur Instagram, déconnecte toi à chaque utilisation. Rajoute de la friction.

Si tu en as marre de toujours craquer et manger le même aliment, ne le mets pas dans ton caddie quand tu fais les courses. Dis-toi que si tu désires vraiment le manger, tu retourneras le chercher.

Si tu veux favoriser une action, rends le processus le plus simple possible.

Fais exactement l'inverse si tu veux te débarrasser d'une mauvaise habitude.

C'était la première base. Toute personne ambitieuse doit connaître cette notion de friction au démarrage.

Maintenant, parlons du principe le plus important à connaître pour les étudiants..

Celui qui te permettra d'apprendre tous tes cours plus vite.

La mémorisation active

Quand j'étais petit et que j'apprenais mes cours, mes parents me répétaient de cacher la réponse avec le doigt avant de voir la réponse.

L'idée était de réfléchir **avant** de regarder la réponse.

Je ne le faisais pas, mais ils avaient raison..

Moi évidemment ça ne me plaisait pas car j'avais l'impression de perdre du temps (dans ma tête plus vite je regardais la réponse, plus vite j'allais pouvoir la retenir).

Mais sans même le savoir, mes parents m'ont appris le principe le plus important de l'apprentissage : la mémorisation active.

Je ne vais pas rentrer dans le détail scientifique, mais depuis des dizaines d'années, des recherches faites sur des groupes d'étudiants démontrent l'importance de tester sa mémoire pour apprendre et retenir une information sur le long terme*

Tu dois absolument comprendre ce principe si tu veux apprendre tes cours plus vite..

En une phrase : tu dois tester ta mémoire, ni plus ni moins. Plus tu te testes, mieux tu mémorises. Le « Active » de mémorisation active signifie **faire l'effort de ne pas tout de suite regarder la solution** mais de d'abord réfléchir (un minimum) à la réponse.

* Exemple : étude réalisée par le Dr Dunlosky en 2013 : hhttps://pubmed.ncbi.nlm.nih.gov/26173288/

Pourquoi?

Plus l'on se rend compte de ses erreurs (et plus on en fait), plus vite on apprend.

Quand on lit simplement un cours sans se poser de questions, on ne fait pas d'erreurs, donc on n'apprend pas.

Quand il y a un mot, une date ou un nom d'auteur que tu n'arrives pas à retenir, ce n'est pas à cause de ta mauvaise mémoire..

C'est parce que tu te contentes de regarder la réponse sans avoir au préalable testé ta mémoire.

Donc si tu veux maximiser tes chances de retenir n'importe quelle information, fais en sorte de te poser un maximum de petites questions sur ton cours..

Je voulais également remercier Kharma Medic et Ali Abdaal, deux étudiants en médecine et Youtubers m'ayant permis de découvrir ce concept de mémorisation active qui m'a, je dois l'avouer, beaucoup aidé dans mes révisions.

Action du jour : intègre plein de petites questions dans ton cours.

Par exemple, tu peux noter des petites questions de cours dans la marge ou à l'arrière de la feuille si tu imprimes tes cours.

Sinon, tu peux faire comme moi des flashcards, que ce soit sur papier ou de manière numérique avec le logiciel « Anki ». J'ai fait une vidéo sur le sujet que tu pourras trouver sur ma chaîne Youtube.

En résumé..

Fais toujours en sorte de ne pas avoir tout de suite accès aux réponses. Il faut te forcer à réfléchir (même quelques secondes) à la solution avant de la regarder.

Tu connais désormais le principe le plus important pour retenir rapidement une information, que ça soit une date, une définition, un auteur ou une liste de courses..

Mais comment se motiver à apprendre quand on n'a absolument aucune motivation pour le faire?

Bonne question..

Le mythe de la motivation

Motivation vient du latin « *movere* » qui signifie « *être en mouvement.* »

Être motivé = être en mouvement.

La motivation vient **récompenser** l'action, celui qui se met en mouvement.

La motivation n'est pas une énergie qui te tombera dessus pour t'aider à agir. La motivation est une énergie (très agréable) que tu ressentiras **après** avoir agi.

Ce n'est pas quelque chose qui te tombe dessus, c'est quelque chose qui se mérite.

Tu verras qu'après avoir fait ton lit et commencé ta journée sans regarder tes réseaux sociaux.. tu ressentiras une énergie positive qui te donnera envie d'en faire un peu plus. Ça, c'est la motivation.

C'est simple : si tu es en mouvement, tu es motivé.

Et si tu n'as plus l'impression d'être en mouvement, tu n'as plus de motivation.

D'où l'importance de faire des petits pas chaque jour, d'avoir l'impression de progresser au quotidien et d'être régulier.

Car plus tu seras régulier, plus tu seras motivé..

Et moins tu auras besoin de volonté pour agir..

Ce qui m'amène à parler du lien entre les habitudes et la volonté..

Le lien habitude-volonté

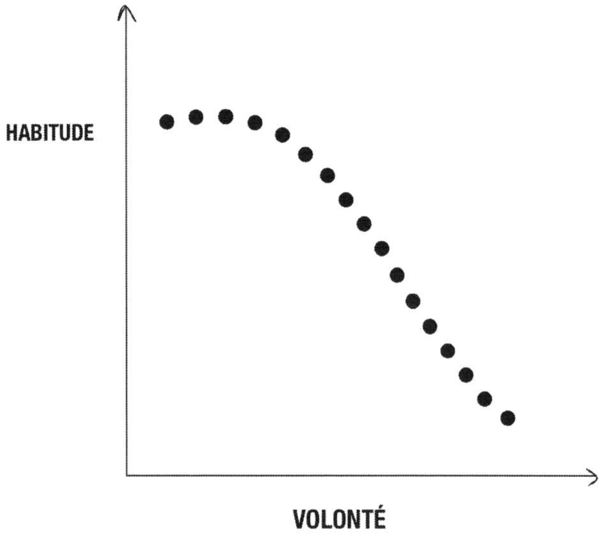

Plus une habitude est renforcée, plus elle s'automatise et donc moins elle te demande de volonté.

L'exemple que je cite souvent est celui de se brosser les dents.

Difficulté : 2/10.

Pourquoi? Tu le fais mécaniquement depuis que tu es petit. Tu sais pourquoi tu le fais. Tu n'as pas une grande friction au démarrage.

Quand j'étais adolescent, faire mon lit tous les jours me paraissait épuisant. Maintenant, c'est une habitude et ça ne me demande aucune volonté. J'ai automatisé ce comportement.

Toute action, aussi difficile soit-elle peut être automatisée grâce aux habitudes.

Plus tu auras l'habitude de faire quelque chose, plus ce sera simple.

Reste toujours en mouvement, surtout au début d'un projet ou d'une nouvelle habitude que tu souhaites mettre en place.

Quitte à réduire l'intensité d'une séance de sport ou d'une heure de travail, fais en sorte d'être au maximum au contact de l'habitude que tu souhaites prendre.

Tu développeras petit à petit des automatismes.

Tu prendras moins de temps à faire les tâches que tu répèteras, tu vas créer des automatismes. Tu auras de plus en plus de repères.

Tu te feras peut-être des « potes de musculation » ou des « potes de travail ». À force de rester à un certain endroit, tu connaîtras les gérants des lieux, tu te sentiras apprécié etc.

Tout deviendra plus simple, plus rapide, plus automatique et moins effrayant.

Jusqu'à arriver au dernier stade d'une habitude..

Le manque

Le jour où une bonne habitude te manque, tu as tout gagné.

Plus tu sens que ce que tu fais correspond à ce que tu es censé faire et plus tu es heureux.

D'ailleurs, cela devrait être l'objectif de ta routine..

Faire en sorte que tu te sentes bien, que tu fasses chaque jour ce que tu es censé faire et que tu sois exactement à l'endroit où tu es censé être. Ou du moins que tu t'en rapproches.

Quand je suis à la salle de sport, je n'ai pas l'impression de manquer quelque chose d'autre. Je suis exactement là ou je suis censé être. Je suis dans ma bulle. Je sais pourquoi j'y suis et je sais que je me sentirai bien en partant.

Au contraire, si je n'y suis pas à l'heure habituelle je sens que j'ai dévié de ma routine, quelque chose me manque.

Quand j'écris ce livre, je sens que je fais ce que je suis censé faire (ce qui ne veut pas dire que je n'ai aucune résistance au cours du processus, bien au contraire).

La plupart du temps, tu es déjà sur le bon chemin, c'est juste que tu ne tiens pas assez longtemps pour t'en rendre compte car tu ne vois pas immédiatement les résultats de tes efforts.

Je sais que c'est déprimant de faire beaucoup d'efforts et de ne voir aucun changement physique ou intellectuel. Pire, d'avoir l'impression de régresser au fur et à mesure.

C'est pourquoi tu dois oublier les résultats et te concentrer sur le processus.

Quand tu as l'impression que tes séances de sport ne changent pas ton physique (**résultat**), concentre-toi sur le nombre de séances de sport que tu fais dans la semaine (**processus**).

Quand tu as l'impression que tes révisions ne servent à rien et que tes résultats scolaires ne s'améliorent pas (**résultat**), concentre-toi sur ta méthode de travail et sur le nombre de fois où tu te poses sur un bureau pour réviser tes cours (**processus**).

Quand j'avais l'impression que mon projet Youtube stagnait et que j'étais loin de mon objectif des 10.000 abonnés (**résultat**), je revenais toujours au **processus** : faire au moins deux vidéos par semaine.

La plupart des personnes se focalisent sur les actions et oublient le processus.

Fais en sorte que se poser sur un bureau devienne simple et évident pour en faire une habitude.

Fais en sorte que laisser ton téléphone dans une autre pièce devienne simple et automatique.

Fais en sorte que tout ce qui compte pour toi devienne plus simple.

Fais aussi attention à ne pas transformer une erreur en habitude..

Rien n'est grave tant que ça n'est pas répété.

Mais rien n'est suffisant tant que ça n'est pas répété.

Tu l'as compris..

Ton but n'est pas de focaliser ton attention sur le chemin qu'il reste à parcourir mais de rendre la randonnée la plus agréable possible.

Apprends à te familiariser avec le processus.

Maintenant, passons à la règle suivante : celle de commencer par ranger ta chambre.

RÈGLE N°4 : COMMENCE PAR TA CHAMBRE

Tu connais peut-être déjà la phrase culte de l'amiral américain William H McRaven *"Si tu veux changer le monde, commence par faire ton lit"*.

Le psychologue Jordan Peterson dit *"Avant de te plaindre du monde extérieur, mets ta chambre en ordre"*.

Michael Jackson disait *"Si tu cherches à rendre le monde meilleur, regarde toi dans le miroir"*.

Commencer petit à petit

Commence par remettre en ordre ton lit, ton bureau, ta chambre, ta condition physique puis remets en ordre des choses plus complexes comme ta confiance en toi, ta relation avec toi-même et les autres, la raison pour laquelle tu es né, la direction que tu souhaites donner à ta vie etc.

Une fois que tu auras remis de l'ordre dans ta vie, tu pourras commencer à aider le monde autour de toi.

Tu n'as pas forcément besoin de sauver le monde.

Personne ne t'a demandé de faire ça.

Quand tu auras réglé tes propres problèmes et trouvé ta place, tu pourras ensuite chercher à améliorer le quotidien d'autres personnes. Commence par te sauver toi.

COMMENCE PAR TOI

Je suis convaincu que l'amélioration des autres passe par l'amélioration de soi.

D'ailleurs si tu prends soin de toi, tu changes déjà le quotidien d'autres personnes, celui de ton entourage.

Ton bien être impacte celui de toute ta famille. Si tu veux vraiment rendre service à tes parents, deviens autonome.

Plus tu auras confiance en toi, moins ils se feront de soucis. Plus tu travailleras, plus tu prendras tes responsabilités et plus ils seront rassurés. **Chaque personne mettant de l'ordre dans sa vie a inévitablement un impact positif sur son entourage.**

Prends en main ton futur et sois reconnaissant de l'éducation que tes parents t'ont donnée, c'est le plus beau cadeau que tu pourras leur faire.

Si tu veux **en plus** prendre soin de la santé de ta famille, prends cette responsabilité. Occupe-toi des courses, cuisine pour eux, prévois des randonnées en famille..

Tout ça tu peux le faire, c'est très bien.

Mais commence par toi et recentre toi sur ton rôle d'étudiant.

Ton rôle d'étudiant

N'oublie pas que ton rôle principal en tant qu'étudiant est d'apprendre des cours.

Tu dois restituer des connaissances le jour de l'examen.

On ne te demande pas de changer le monde.

Je pense qu'aujourd'hui, nous (la nouvelle génération) faisons les choses dans le désordre.

La plupart des lycéens ont déjà tous des positions politiques affirmées et des points de vue sur à peu près tous les sujets de société. Ils peuvent débattre avec toi pendant plusieurs heures, exposer " leurs " arguments et te prouver par A+B que tu as tort et que tu devrais penser comme eux.

Le problème est que ça ne devrait pas être possible à 18 ans d'être sûr de quoi que ce soit, ni d'avoir des positions affirmées sur des sujets de société complexes.

Les personnes les plus moralisatrices sont rarement les personnes les mieux dans leur peau (et je parle par expérience).

Alors voici ce que j'ai à te dire..

Si aujourd'hui..

1. Tu as du respect pour tes professeurs.

2. Tu prends soin de toi.

3. Tu travailles.

Tu es **déjà** utile à la société.

Si je te dis tout ça, c'est que ce sujet me préoccupe.

Quand on se sent bien à l'intérieur, on ne critique pas le monde extérieur. On ne cherche pas un responsable. On ne passe pas sa journée à faire la morale.

Et plus on se sent bien dans sa peau, plus on a envie de se tourner vers les autres.

Écrire un livre aurait été la dernière de mes priorités si je n'avais pas moi-même remis de l'ordre dans ma vie. J'aurais probablement préféré passer mon temps à m'indigner sur Twitter ou à chercher un responsable à mes problèmes.

Il faut parfois entrer dans une démarche d'introspection pour apprendre à se connaître, savoir ce que l'on aime et trouver sa place dans la société.

> “ *Tu ne peux pas devenir un beau papillon sans passer par l'étape du cocon” Grégoire Dossier*

Tu dois passer par cette nécessaire introspection.

On voit tout de suite la différence entre une personne qui a pris le temps de se construire personnellement et une autre.

La plupart des personnes font cette introspection après une rupture amoureuse, le décès d'un proche ou une maladie grave.

Le lectorat du développement personnel a en moyenne 40 ans car c'est généralement à ce moment que de grandes remises en question s'imposent. Je te conseille de commencer à prendre soin de toi avant que ça n'arrive.

La vie viendra te tester tôt ou tard, tu dois être préparé. Elle te teste peut-être déjà aujourd'hui.

Tu dois avoir le bon état d'esprit qui te permettra de rester positif quand ce sera difficile de l'être.

Et si tu viens de commencer à reprendre ta vie en main, alors la première chose que tu dois faire, c'est trouver ta place.

Comment trouver sa place?

On repense à l'enfant que l'on était il n'y a pas si longtemps.

On peut aussi identifier où ne se trouve certainement pas notre place (c'est parfois plus simple).

On imagine aussi la meilleure situation dans laquelle nous pourrions être dans deux ans pour imaginer un futur idéal.

On a donc besoin de deux choses : une situation que l'on veut **fuir** et une situation que l'on veut **découvrir**.

On accepte aussi de rentrer dans un processus long (règle 6) et on essaye de tirer le meilleur de la situation dans laquelle on se trouve aujourd'hui.

Enfin, on crée sa propre définition du succès et on essaye de s'en rapprocher le plus possible.

Comment savoir quand on est à sa place?

Cela arrivera quand tu auras le sentiment d'être bon et utile dans ce que tu fais.

Parfois, on ne s'en rend compte qu'en regardant en arrière.

Un jour, tu te poseras quelques minutes et tu te rendras compte que tu n'as jamais été dans une situation aussi agréable. Tu te réveilleras avec l'envie de travailler.

Tu ne voudras échanger ton quotidien avec aucune autre personne au monde.

Et à ce moment précis tu te diras « C'est cool de vivre ».

Mais tu sais..

Tu ne connaîtras cette situation que si tu te prends en main à 100%.

Et malheureusement, je pense qu'il est facile de dévier quand on est étudiant.

Je pense qu'il est plus facile de faire confiance à quelqu'un d'autre quand on ne peut se faire confiance à soi-même, de déléguer ses responsabilités à des représentants qui semblent avoir le pouvoir de régler tous les problèmes du monde.

Je pense plutôt que les changements que l'on attend vraiment doivent venir de nous.

Et que l'on finira forcément déçu si l'on place toutes nos espérances entre les mains d'une personne autre que nous.

Je parle d'après mon expérience. Je peux me tromper.

Mais de mon côté ma vie a changé depuis que je me suis pris en main.

Ma confiance en moi s'est améliorée après avoir fait les choses qui me faisaient le plus peur.

Mon corps a changé le jour où j'ai commencé à manger plus de protéines et à pousser plusieurs fois par semaine des poids de plus en plus lourds.

Tous ces changements sont venus de moi, personne n'allait le faire à ma place.

Alors commence par te construire personnellement : apprends à connaître tes avantages naturels, tes faiblesses, à améliorer ta relation avec toi-même et ton entourage, à avoir des nuits complètes et récupératrices, à te créer une perspective optimiste qui te donnera envie de te lever le matin et de connaître le futur.

Et après ne t'inquiète pas, tu pourras changer le monde, promis.

Mais ne critique pas le monde tant que ta chambre n'est pas rangée.

RÈGLE N°5 : CROIS EN TA BONNE ÉTOILE

Apparement, Steve Jobs n'était pas un PDG facile à vivre pour les employés d'Apple.

Une rumeur dit qu'il avait comme fâcheuse tendance de virer ses employés dans l'ascenseur s'il était de mauvaise humeur.

Et comme cela arrivait souvent, il avait toujours l'ascenseur pour lui seul..

Mais si je dois retenir une chose de Steve Jobs, c'est son discours à Stanford en 2005.

Ce jour-là, pour la remise des diplômes des étudiants de l'université il arrive tout souriant et apaisé (tout le contraire du portrait qu'on dressait de lui) et il commence son discours..

Son intervention dure quinze minutes. Il évoque le sujet des diplômes, de la passion et même de la mort car, ayant été diagnostiqué d'une tumeur au pancréas au début des années 2000, son docteur lui avait dit qu'il ne lui restait plus que trois à six mois à vivre.

Et pourtant Jobs arrive à nous livrer le 12 juin 2005 une vision optimiste de la mort.

Il dit d'abord que « l*a mort est la plus belle invention de la vie* » puis que « *votre temps est limité, alors ne le gâchez pas à vivre la vie d'un autre* ».

Cette partie du discours m'a marqué. Parfois, j'essaye de vivre une journée complètement normale comme si c'était la dernière pour réellement en profiter.

Confucius disait « *Chaque Homme a deux vies : la deuxième commence lorsqu'il réalise qu'il n'en a qu'une* ».

Parfois je m'imagine à 90 ans, allongé sur un lit d'hôpital, en 2088, faisant une rétrospective de la vie que j'ai eu la chance d'expérimenter depuis le mois de novembre 1998. Normalement après avoir fait ça, j'ai ma dose de motivation pour la journée. J'ai en tout cas une raison de me bouger.

Mais ce n'est même pas cette partie du discours de Jobs qui m'a le plus marqué.

C'est celle-ci :

“ *You have to believe in something, your gut, destiny, karma, whatever. Because believing that the dots will connect down the roads will give you the confidence to follow your heart even when it leads you off the well-worn path, and that will make all the difference.*

(Je sais que je suis censé traduire cette phrase en français, mais je n'y arrive pas sans perdre le sens profond de cette phrase).

Mais si je devais résumer ce passage, ça donnerait quelque chose comme ça..

Tu dois croire en quelque chose.

Le Karma.

Ta bonne étoile.

Le destin.

Une philosophie de vie.

Une religion.

Peu importe..

Quelque chose qui t'incite à regarder vers le haut, à tenir le coup. Quelque chose qui te permettra de ne pas lâcher ce qui compte vraiment pour toi.

Il y aura des moments difficiles pendant tes études.

Tu auras ta dose de remises en question.

Tu vas avoir peur à plusieurs reprises : peur de la sélection, peur de l'échec, peur d'être sur le mauvais chemin, de ne pas trouver un travail qui te conviendra..

Toutes ces peurs sont légitimes, l'important est de toujours croire en quelque chose.

Les études vont te faire douter.

Elles font douter tous les étudiants à un moment ou à un autre.

Et si tu veux mieux supporter la pression que les autres, crois en quelque chose. Crois en quelque chose de plus fort que les études, de plus important, de plus grand.

RÈGLE N°6 : JOUE LONG-TERME

Ce que tu désires profondément ne s'obtiendra pas aujourd'hui.

Un physique en bonne santé, le métier de tes rêves, une mention, une nouvelle compétence, toutes ces choses s'obtiennent au bout de nombreuses heures de travail.

C'est ce qui freine la plupart des personnes « court-termistes »

Mais en réalité, je vais te montrer que tu n'as pas d'autre choix que de jouer long terme.

Je vais te montrer que c'est même tellement **mieux** de jouer long-terme. Ça peut paraître contre-intuitif mais je pense réellement que le bonheur se trouve dans la routine, la répétition et les petits progrès du quotidien.

C'est ce que tu fais **aujourd'hui** qui détermine ce que tu feras, où tu seras et ce que tu auras dans quelques années.

Le chemin du progrès est long, très long. Tu n'as pas d'autres choix que de rendre le processus le plus agréable possible.

Le problème est que nous avons peur du long terme et de la gratification non immédiate.

Notre génération manque de patience.

Nous avons peur d'attendre, d'investir des efforts pour quelque chose qui pourrait potentiellement échouer ou ne pas en valoir la peine. Alors qu'au contraire...

Il faut voir tes objectifs long terme comme une relation.

On ne sait pas comment ça va finir (on a parfois peur d'y penser) mais l'important est de passer un bon moment et de ne pas nourrir de regrets.

Si tu aimes profondément répéter une action, il y a très peu de chances que tu n'arrives pas à atteindre l'objectif lié à cette action.

Si j'ai créé aujourd'hui plus de 150 vidéos Youtube, c'est parce que j'ai pris du plaisir dans la réalisation de ces vidéos.

Si j'ai poussé la porte de la salle de sport plusieurs fois ces dernières années c'est parce que j'aime l'intégralité du processus : faire mon sac, mettre de la bonne musique, pousser la porte de la salle, suer, rentrer chez moi satisfait, me doucher, manger puis me réveiller avec des courbatures.

Petite précision : je n'ai pas toujours aimé faire du sport. Les premières séances étaient inconfortables. Parfois on met du temps à aimer le processus.

Mais pour en revenir aux études..

Si j'ai eu du mal à travailler pendant ma deuxième année de droit, c'est que je n'aimais pas du tout le processus. Je n'aimais pas les matières, ni l'ambiance des TD, je ne comprenais ni la méthodologie ni la notation, je n'avais pas de méthode de travail..

Bref, aucun plaisir dans le processus. Aucune méthode, aucun but et donc aucune envie de travailler, productivité proche de zéro.

Ta productivité dépend grandement du plaisir que tu prends dans le processus.

Et c'est après avoir eu ma deuxième année aux rattrapages que j'ai décidé de complètement changer mon processus d'apprentissage.

J'ai adopté une vision plus positive des études, je ne me voyais plus comme un étudiant au service de mes professeurs.

Au contraire, j'ai compris que l'université me devait des cours, que j'étais libre dans la gestion de mon temps et que j'avais pour seule obligation de connaître mon cours le Jour-J.

J'ai remarqué que je pouvais prendre du plaisir à réviser lorsque j'étais dans les bonnes conditions : levé du bon pied, bien habillé, avec un peu de caféine dans le sang en travaillant dans un environnement inspirant.

J'ai arrêté de me comparer aux autres étudiants, j'ai banni le mot **retard** de mon vocabulaire et j'ai cherché à utiliser au mieux possible le temps qui me restait à disposition.

À toi de changer ta perception des études pour ne plus avoir l'impression de les subir.

Si apprendre tes cours est trop pénible, vois tes études comme ton travail et garde quelques heures par semaine pour travailler sur des petits projets passionnants, sur ce qui te plaît vraiment.

L'astuce des chemises

J'ai été parfois étonné de voir à quel point la façon dont je m'habille influence mes actions.

C'est logique, la perception que l'on a de soi-même influence nos actions.

Si tu n'arrives pas encore à t'identifier comme un bosseur, habille toi comme quelqu'un qui travaille.

Si tu n'arrives pas à t'identifier comme un sportif, habille-toi comme un sportif. Tu remarqueras que tu auras plus de mal à acheter des bêtises au supermarché lorsque tu es habillé en tenue de sport.

C'est la même chose pour le travail, ce n'est pas cohérent de retourner dans le canapé une fois que l'on est douché et habillé.

Je me rappelle pendant ma troisième année de droit avoir préparé certains de mes TD (travaux dirigés) en chemise. Dans ma tête j'allais devenir un professionnel du droit dans quelques années, il fallait que j'agisse comme un professionnel.

Et ça commençait par la façon de m'habiller.

Attention.

Il n'y a aucune explication scientifique derrière cette méthode.

C'est plutôt une petite astuce qui peut te permettre de faire quelques heures de révisions en plus dans l'année.

Ça ne veut pas dire que tu réviseras mieux en étant bien habillé, simplement que ça pourra t'aider à faire quelques séances de révisions en plus au cours de l'année.

Et ça, c'est déjà une petite victoire. N'oublie pas de te féliciter quand tu arrives à te tirer vers le haut.

Célèbre les petites victoires

Si tu regardes mes stories « à la une » sur Instagram (@gregdossier), tu verras que je prends à chaque fois des images de mes petites victoires.

Les 100 premiers abonnés, puis les 1000, les 10.000 et les 50.000..

La première séance de tractions, la dixième, la centième..

La première séance de boxe, la deuxième, la dixième..

Apprends à aimer toutes les s du processus de progrès.

Étape 1 : Excitation (début du projet) : tu viens de commencer.

Étape 2 : Syndrome de l'imposteur, tu te demandes « Qui suis-je pour faire ça? Suis-je assez compétent? »

Étape 3 : Période creuse (ou période de transition), tu fais beaucoup d'efforts pour peu de résultats et tu te sens nul quand tu te compares aux autres.

Étape 4 : Premiers résultats, première réussite (tu obtiens ou dépasse le résultat attendu), tu te sens bien, vraiment bien.

Étape 5 : Re-syndrome de l'imposteur, tu te demandes si tu mérites vraiment ce que tu as ou si tu as juste eu de la chance.

Voici donc ton plan d'action pour franchir toutes ces étapes.

Étape 1 : Utiliser l'excitation du début du nouvel objectif pour faire une première action qui te rapprochera de l'objectif (filmer la 1ère vidéo Youtube, regarder un tutoriel pour apprendre une compétence, faire une première séance de sport, prendre contact avec quelqu'un pour fixer un RDV)

Étape 2 : Noter sur une liste au moins cinq raisons pour lesquelles ce projet est important pour toi, te rappeler qu'on ne naît pas compétent mais qu'on le devient et que plus tôt tu commences, plus tôt tu fais des progrès.

Étape 3 : Doubler tes efforts, c'est une période difficile et tu es au courant que la plupart des personnes s'arrêtent à cette étape du processus mais ça ne sera pas ton cas, pas cette fois-ci.

Étape 4 : Être fier de ne pas t'être arrêté à l'étape 3, fêter cette victoire aujourd'hui et continuer tes efforts demain.

Étape 5 : Te rappeler du chemin parcouru, des efforts, des doutes des étapes précédentes jusqu'à être 100% convaincu que tu mérites tout ce qui t'arrive.

Tu connais désormais le processus de progrès..

Il sera le même pour quasiment tous tes objectifs, que ce soit de te mettre au sport, commencer un projet entrepreunarial ou vouloir passer un concours sélectif.

Mais il ne te servira à rien si tu ne mets pas en place dès demain des objectifs journaliers.

Les objectifs journaliers

Prenons un exemple concret : la rédaction de ce livre.

Ce n'est pas spécialement enthousiasmant d'avoir comme objectif "d'écrire un livre en un an". C'est vague, c'est long et on ne sait pas par où commencer. Aucune deadline, aucune pression donc aucune raison de faire plus d'efforts (cf Loi de Parkinson).

Au contraire..

Si j'ai comme objectif d'écrire 3000 mots par jour, là ça devient précis.

Rends toujours l'objectif le plus clair possible.

> “ *La plupart des personnes pensent manquer de motivation alors qu'elles manquent de clarté* » *James Clear*

Autrement dit : tu as souvent l'impression de manquer de motivation alors que ce qu'il te manque, ce sont des objectifs clairs.

Rends toujours tes progrès les plus visibles et concrets possibles.

Si je suis motivé à écrire ce livre, c'est parce que je sais pourquoi je l'écris et **ce que j'ai à faire** pour l'écrire.

Sinon, j'aurais déjà abandonné ce projet et tu ne serais pas en train de lire ce livre actuellement.

Tous les objectifs à long terme que j'ai atteint avaient un pourquoi puissant et un comment précis et atteignable.

Si tes études manquent de sens, trouve en ailleurs : le diplôme, la fierté de tes parents, l'envie d'augmenter ta valeur, l'envie de montrer à ceux qui doutent de toi qu'ils ont tort etc.

Crée ton propre sens.

RÈGLE N°7 : CHANGE TA PERSPECTIVE

Plus je grandis, plus je me rends compte de l'importance de la perspective.

Sans perspective enthousiasmante, tu n'auras pas envie de te lever le matin.

Sans perspective positive, tu prendras tout personnellement et tu ne verras pas les enseignements cachés des problèmes qui te tomberont dessus.

Et si tu ne sais pas par où commencer..

Commence par changer ta vision de l'organisation.

Être organisé, ça ne veut pas dire s'enfermer dans sa propre prison et dire adieu à son temps libre.

Être organisé, ça veut dire faire en sorte que demain soit la meilleure journée possible.

En voyant ton planning de demain..

Tu ne dois pas te dire « Je *dois faire ça, ça et ça..* ».

Tu dois te dire « *Quand j'aurai fait ça demain, je me sentirai bien* ».

Prévois la journée parfaite, celle que tu aurais organisée pour te faire plaisir.

Fais-toi un planning : prévois les sessions de travail, les pauses, les sorties, les entraînements et même les temps de procrastination (cf règle 1).

Accepte l'imprévu, ne refuse pas les plans de dernière minute mais fais en sorte d'avoir fait le travail avant de sortir pour profiter pleinement du temps que tu passes avec tes amis.

Car plus tu seras satisfait de ta journée, plus tu pourras profiter du temps passé avec tes proches.

Et si tu as dévié de ton planning, tu ressentiras forcément un peu de culpabilité.

C'est ta responsabilité de faire le travail attendu avant de t'amuser. D'abord pour ta santé mentale et ensuite pour la qualité du temps que tu passeras avec les autres.

Essaye de prévoir une journée parfaite, teste, ajuste et recommence jusqu'à trouver ton équilibre.

Pour moi, une journée parfaite est une journée où j'arrive à :

1° Avancer dans mon travail.

2° Avancer dans mes projets.

3° Faire du sport.

4° Sociabiliser (discuter, sortir, boire un verre, passer un appel, Netflix and Chill etc)

En tant qu'humain tu as besoin de faire des activités variées au cours de la journée pour te sentir bien.

Je parle parfois de la règle des 3A.

Activité manuelle ou créative.

Activité intellectuelle.

Activité sportive.

Nous avons tous besoin de gagner notre vie (grâce à une activité manuelle et/ou intellectuelle), de réfléchir et de bouger.

C'est pourquoi cette règle des 3A permet de trouver un équilibre dans notre quotidien. On se rapproche alors d'une journée parfaite.

Le challenge : la journée parfaite.

Faisons un petit calcul : si l'on enlève mes 7-8 heures de sommeil, j'ai environ 16 heures disponibles dans ma journée.

Si l'on enlève les heures de cours, il me reste environ 10 heures disponibles.

Ma mission est donc d'utiliser au mieux ces heures restantes pour me coucher le soir en ayant réuni les quatre éléments de ma journée parfaite (sport, travail, projets, sociabilisation)

Chaque jour, un nouvel objectif en me levant : essayer de vivre une bonne journée de plus.

Je veux vivre, tout simplement. Bouger, apprendre, aimer, tester, découvrir, faire des erreurs, progresser, imaginer, créer, et surtout agir.

Toutes les journées ne seront pas parfaites, l'important est de faire en sorte de se coucher sans regrets et de tirer des enseignements de ses échecs. Une mauvaise journée est d'ailleurs une excellente occasion de revoir son organisation.

« Chaque jour ne sera pas forcément bon mais il y a forcément quelque chose de bon dans chaque jour » (Inconnu)

Astuce d'organisation : la cohérence.

Tu dois déjà le savoir : ce n'est pas facile de tenir son planning.

Si tu veux mettre plus de chances de ton côté, fais en sorte d'avoir un planning cohérent.

Autrement dit, fais en sorte que les activités de ta journée se complètent.

De mon côté, j'ai plus de chances de passer une journée parfaite si je fais les choses dans cet ordre :

TRAVAIL → PROJETS → SPORT → VIE SOCIALE

Si je sociabilise trop tôt, j'aurais probablement plus d'efforts à fournir pour me re-concentrer sur mon travail et mes objectifs journaliers. J'aurais l'impression d'avoir commencé le repas par le dessert si tu vois ce que je veux dire..

Si je commence ma journée par une séance de sport, je risque d'avoir un pic de fatigue au moment de travailler.

Au contraire, je fais toujours des meilleurs entraînements après avoir travaillé. Je me sens bien, je peux mettre le cerveau sur OFF, écouter une musique sympa et commencer à m'entraîner.

Et puis, existe-t-il une meilleure sensation que de retrouver ses amis après avoir passé une journée productive et en ayant encore quelques courbatures de son entraînement?

Non. Je ne pense pas.

Ou alors je suis passé à côté de quelque chose.. (Il faut me le dire)

Essayons maintenant de passer un mois parfait.

Prévoir un mois parfait

Questions pour toi : qu'as-tu à fournir comme efforts pendant 30 jours pour être fier de toi à la fin du mois?

Quels sont les enjeux de ce mois? Les challenges? Les échéances importantes? Pourquoi ce mois est-il particulier pour toi?

Autre question : qu'est-ce que le toi non organisé s'apprête à faire pendant ces 30 jours? Que dois-tu faire pour l'empêcher de gâcher un mois de plus de ta vie?

Voyons encore plus large.

Prévoir une année parfaite

Question : dans quelle situation aimerais-tu te retrouver dans 6, 9 ou 12 mois?

Qu'as-tu à faire aujourd'hui et dans les prochains mois pour y arriver? Comment pourrais-tu rendre le processus le plus agréable possible?

Y'a t-il des méthodes à connaître ou des erreurs à éviter pour arriver plus vite à ce résultat?

Toutes ces questions ont une réponse, à toi de les trouver.

Si tu ne comptes pas répondre à ces questions, cherche au moins à visualiser cette situation parfaite.

Imagine-toi avec ton diplôme entre les mains ou imagine-toi vivre ta vie idéale dans trois ans..

Tu peux aussi t'imaginer travailler sur un projet sur lequel tu procrastines depuis trop longtemps ou visualiser la situation dans laquelle tu pourrais être dans quelques années si tu faisais de meilleurs choix dans ta vie.

On peut croire ou ne pas croire à la loi de l'attraction, mais il est indéniable qu'une situation déjà visualisée dans ton esprit a plus de chances de se produire dans le monde réel ensuite.

Il est aussi certain que tu as plus de chances d'atteindre un ou deux objectifs sur lequel tu focalises toutes tes ressources.

Mon exemple :

Pour l'année 2019-2020, mes objectifs annuels étaient :

1- De réussir mon année en droit et d'être sélectionné en M2.

2- D'atteindre les 10.000 abonnés sur Youtube.

C'est tout.

Je n'avais que **deux** objectifs en tête pour 2020.

Je pense qu'il est important que chaque année représente quelque chose pour toi de précis, pour focaliser ton attention encore une fois.

Le temps passe vite et l'on ne devrait pas pouvoir fêter la nouvelle année sans garder avec nous au moins un souvenir des 365 jours qui viennent de défiler.

Que veux-tu que cette année représente pour toi?

Comment faire en sorte que tu ne gâches pas une précieuse année de ta vie?

Attends de voir

Ne te juge pas trop vite, attends de voir la fin de l'année.

C'est trop simple d'avoir envie d'abandonner en plein milieu de l'effort. Quatre mois après avoir lancé ma chaîne Youtube, je comptabilisais 1100 abonnés et je n'avais toujours pas eu mes résultats du premier semestre.

J'aurais pu changer mes objectifs à ce moment-là, supprimer ma chaîne Youtube et me concentrer sur mes études. C'est dans ces périodes de doute que tu dois justement doubler tes efforts.

Quelques semaines plus tard, j'ai cassé la tirelire et pris un billet de train direction Lyon pour faire une vidéo Youtube avec Jurixio et Christina, deux influenceurs en droit plus populaires que moi.

Je me vois encore réviser pour mon partiel de droit commercial dans le TGV (exemple parfait de cette **double vie** que j'étais en train de mener tout au long de l'année).

Dans les semaines qui ont suivi deux de mes vidéos ont dépassé les 50.000 vues et j'ai atteint l'objectif initial des 10.000 abonnés en plein milieu de mes partiels de juin.

Quelques semaines plus tard, j'ai filmé en direct l'annonce des résultats de mon deuxième semestre et la sélection en M2. Les deux vidéos sont toujours disponibles sur YouTube d'ailleurs.

Tu vois, ce ne sont que dans les tous derniers mois de l'année universitaire que mes objectifs ont été atteints. Les efforts payent toujours (mais à la fin..)

Je veux également te faire comprendre qu'avoir une vision est extrêmement important car ça te permettra de faire plus d'efforts que les autres dans les moments difficiles.

Rappelle-toi également que tous les étudiants sont dans le même bateau : si un cours te semble difficile à apprendre, il le sera pour tout le monde.

Si un coup de blues vient te frapper un dimanche soir, ça sera aussi le cas pour beaucoup d'étudiants de ta promotion.

La plupart des étudiants font semblant. Ils ne sont pas plus confiants que toi. Si tu as plus de mal à travailler pendant les fêtes de Noël, les autres étudiants aussi.

Arrête de te comparer aux autres et concentre-toi sur le travail que tu as à fournir pour aujourd'hui, cette semaine et cette année.

Maintenant parlons du lien entre la liberté et la productivité..

La liberté se cache dans la productivité

Il faut comprendre que plus tu es productif, plus tu es libre.

C'est pourquoi adopter une routine est un signe d'intelligence. Plus tu répètes une action, plus tu la fais vite et mieux. Et quand tu arrives à faire quelque chose vite et bien, tu gagnes en confiance en soi et en temps.

> « *La confiance en soi vient avec la répétition* » *Jeff Haden.*
>
> Autrement dit : plus tu es productif, plus tu auras de temps pour toi et plus tu auras confiance en tes capacités.

Tu n'auras pas bâclé ton travail, tu l'auras fait vite et bien.

Tu pourras grappiller quelques heures de temps libre par semaine que tu pourras ensuite utiliser à ta guise.

Que ce soit pour voir tes grands-parents durant le week-end, prendre du temps pour toi, reprendre un sport que tu aimais faire petit ou travailler sur un projet durant la soirée. Tu as le choix.

Mais pour être réellement productif, encore faut-il connaître les actions importantes de ton apprentissage.

Les actions (réellement) importantes

Il existe des actions plus importantes que d'autres.

Quand on fait du sport, le plus important est de s'entraîner, pas de chercher la tenue la plus adéquate ou les meilleures chaussures.

Quand on est étudiant, le plus important est de se poser sur un bureau et d'apprendre son cours, pas de remettre son cours au propre ni d'essayer de faire les plus belles fiches possibles.

Évidemment, il est plus agréable de travailler avec un cours propre et coloré. Évidemment, si tu passes un concours dans quelques années tu seras content de pouvoir reprendre les classeurs que tu as mis du temps à trier et organiser.

Par contre, le temps passé à faire des actions « de surface » est du temps que tu ne pourras pas récupérer, qui aurait pu te permettre d'aller faire cette petite marche en extérieur, de passer un appel à un proche, de prendre soin de ta santé mentale, de faire un choix de carrière différent etc.

Être productif te demande de faire des choix.

Il faut parfois éliminer quelques actions agréables mais peu efficientes pour les remplacer par des actions réellement importantes qui auront un réel impact sur ta santé physique et mentale et la gestion de ton temps.

À toi désormais de repérer les actions importantes de ton apprentissage et de les intégrer au maximum dans ta routine.

Pour être productif, apprends aussi à te connaître.

Nous sommes tous différents.

Nous avons tous un rythme circadien différent.

Certains étudiants travaillent mieux la nuit quand tout le monde est couché. D'autres étudiants préfèrent travailler au petit matin avant que le monde ne se mette en marche.

Certains préfèrent travailler en groupe, à la bibliothèque ou dans un café. D'autres comme moi préfèrent travailler seuls à la maison.

Certains étudiants tolèrent le bruit, d'autres moins.

Certains étudiants réagissent à la caféine, d'autres non.

Bref, nous avons tous des conditions optimales de travail.

Apprends à reconnaître dans quelles conditions tu es le plus efficace.

À chaque fois que tu te retrouveras dans un état de **flow** (concentration) sur une longue durée et que tu auras travaillé sans voir le temps passer, prends des notes.

N'oublie pas de noter : l'endroit dans lequel tu travaillais, l'heure à laquelle tu travaillais, ce que tu avais mangé juste avant, le nombre d'heures de sommeil de la nuit passée, ce que tu avais consommé comme contenu (vidéo motivante, actualités, réseaux sociaux) etc.

Tu remarqueras que les journées productives n'arrivent pas par hasard.

Elles arrivent lorsque plusieurs conditions sont réunies : un espace de travail agréable, un repas pas trop lourd, un objectif clair, une journée qui commence sans trop de choix à faire et une nuit assez récupératrice..

Tu remarqueras qu'après une journée très productive s'ensuit parfois une journée plus difficile. Ça fait partie du processus.

Comme le fait un athlète de haut niveau avant une compétition, fais en sorte de te mettre dans les meilleures conditions possibles, et d'être de la meilleure humeur possible avant de réviser.

Le but du jeu est de réunir le maximum de conditions possibles pour passer une bonne journée. Le jeu nécessite également de faire face aux mauvaises journées, de prendre sur soi et d'arriver à faire le travail même quand on n'est pas d'humeur à le faire et même quand on fait face à beaucoup de résistance au démarrage.

Et tu sais quoi? Même si tu passes une mauvaise journée, c'est parfois **agréable** d'avoir du travail à faire et de se sentir utile.

Les études ont au moins ça comme avantage : elles nous donnent quelque chose à faire.

Parfois, elles nous rendent fou, nous oppressent et ne nous laissent pas le temps de nous développer personnellement. Parfois aussi elles nous permettent d'avoir quelque chose à faire après une rupture ou une événement personnel difficile à accepter..

Comme je te l'ai dit plus tôt dans le livre, les études vont te faire douter. Tu vas les aimer et les détester, parfois même dans la même journée. Fais confiance au processus. À la fin, tout ira bien.

Dernier point sur la productivité : essaye de réinvestir le temps de qualité moyenne.

Je me suis rendu compte que peu importe l'excellente relation que je pouvais avoir avec ma copine, mes amis ou mes parents, il y avait toujours un moment où l'on commençait à tourner en rond.

Ce moment arrive lorsqu'on n'a plus grand chose à se dire, que le temps devient long, que l'on pense à ce que l'on aimerait faire pendant ce temps là plutôt que de rester ici etc.

La plupart des personnes qui comptent pour toi n'ont pas forcément besoin de passer toute la journée avec toi.

Elles ont besoin de passer du temps de qualité avec toi.

Parfois même tu risques d'endommager la relation que tu as avec tes proches si tu ne changes rien.

En effet, quand on trouve le temps long on commence à faire quelques réflexions, on est plus irritable, plus désagréable..

Et évidemment, la personne avec qui tu es va le ressentir.

Elle va peut-être se remettre en question, alors que le problème vient de toi. C'est pour cette raison que tu dois apprendre à te connaître et savoir à partir de quel moment tu dois commencer à t'occuper, faire une autre activité, sortir, bouger.

Personne ne t'en voudra de prendre un peu de temps pour toi.

Au contraire, les personnes qui tiennent à toi et ta santé vont être contentes de te voir courir, avoir de nouveaux objectifs, prendre soin de toi et être un peu plus heureux.

En conclusion..

Passe du temps de qualité avec les personnes qui comptent pour toi. Si le temps devient long ce n'est pas grave, c'est un signal. Réinvestis ce temps.

Peu importe l'amitié ou l'amour que tu peux avoir pour une personne, tu n'es pas fait pour passer toute les heures d'une journée avec la même personne. Tu as probablement besoin d'avoir ton propre espace, tes passions, tes objectifs et de créer ta bulle de tranquillité.

Maintenant que l'on a parlé de perspective, d'organisation et de productivité, passons à la règle suivante..

RÈGLE N°8 : DÉSIRE TOUJOURS QUELQUE CHOSE

Les trois moteurs de l'humain sont le désir, l'ego et les responsabilités.

Apprends à utiliser ces trois énergies dans tes études et tes projets et tu n'auras plus jamais de panne de motivation.

Avant de me lancer sur Youtube, j'ai moi-même utilisé le désir, l'ego et la responsabilité pour me motiver et me forcer à faire le premier pas. Je me suis imaginé tomber un jour sur une vidéo d'un gars sorti de nulle part filmant son quotidien d'étudiant en droit, le voir réussir et me dire que j'aurais pu être à sa place.

J'ai imaginé une personne publier « Le livre des étudiants » quelques jours avant la sortie de mon livre.

J'ai visualisé tout ça.. et ça m'a donné l'envie d'agir.

Je te conseille de toujours désirer quelque chose.

Nous aimons tous courir après quelque chose, un but, une performance, une personne, une vision, un métier. C'est un besoin naturel d'humain que de désirer quelque chose, de s'en rapprocher petit à petit puis d'essayer de l'avoir. C'est ce processus qui rend la vie passionnante selon moi.

Mais je peux me tromper..

Naval Ravikant écrit dans son livre « The Almanack Of Naval Ravikant » ceci : *Le désir est un contrat que l'on fait avec soi-même de ne jamais être heureux.*

Cette phrase remet totalement en question ce que je viens de te dire sur le désir.

La différence est que Naval a bientôt 50 ans et que j'en ai 22. Tu es probablement plus proche de mon âge que du sien.

Et je pense en effet que notre rapport au désir doit varier en fonction des âges.

Je pense que c'est une marque de sagesse de limiter ses désirs pour être plus heureux à un certain âge..

.. Mais pas à 20 ans, ni à 25, ni à 30. Au contraire à ton âge tu dois forcément désirer quelque chose. C'est trop triste sinon.

Le désir pour l'humain est l'équivalent de l'essence pour une voiture. Tu en as besoin pour avancer.

Chaque jour, je me rapproche un petit peu de l'objectif d'écrire mon premier livre. J'ai envie de le tenir entre mes mains. Si tu peux le lire aujourd'hui, c'est parce que je suis allé au bout de mes envies, de mon désir d'accomplir ce projet.

Au moment où tu lis ces lignes, je suis fier d'avoir mené ce projet au bout, mais je suis déjà en train de désirer quelque chose de nouveau. J'ai besoin d'essence pour avancer. Toi aussi.

Trouve ton essence.

Rattache toi à des images concrètes :

- la remise de ton diplôme.

- la création de ta société.

- la première plaidoirie si tu veux devenir avocat.

- la première garde à vue si tu veux devenir gendarme (ou gangster).

De mon côté, je m'imagine recevoir mon livre par la poste quand il sera enfin terminé.

Je m'imagine souvent avec le trophée des 100.000 abonnés YouTube et j'imagine aussi un voyage aux États-Unis avec mon père (qui est fan de NBA) quand mon entreprise aura franchi un certain palier.

Rajoute du sens à tes journées.

Écris 5 choses que tu désires profondément. Au moins penses-y.

D'ailleurs..

On me demande parfois comment faire quand on a l'impression de ne rien désirer, qu'aucun objectif n'est assez important pour nous pour nous motiver.

Ma réponse reste toujours la même : si tu ne désires rien, c'est que tu n'as pas assez souffert.

Un désir peut venir de ta propre volonté mais souvent il vient d'un manque.

Parfois pour réellement désirer quelque chose, tu dois subir des émotions fortes : colère, tristesse, anxiété..

Une fois que tu as souffert après une rupture (**tristesse**), tu ne veux plus jamais revivre ça et te revoir dans cet état.. Alors tu travailles sur toi, tu deviens plus autonome, plus indépendant, tu ne mets plus toute ta confiance entre les mains d'une seule personne.

Autre exemple, j'ai lancé ma chaîne Youtube car j'en avais marre de mes études (encore une **frustration**). Après avoir étudié le droit pendant trois ans, j'avais l'impression de tourner en rond.

Au début, je pensais que je n'étais pas heureux dans ma vie d'étudiant car je n'étais pas un « excellent étudiant en droit », alors j'ai cherché à avoir de meilleures notes..

C'était le début de la course à la mention..

Je me suis donc mis à désirer une mention pour ma L3.

J'ai augmenté le nombre de sessions BU. Chaque matin je retrouvais la même place, je me couchais tôt, je ne sortais pas le jeudi soir, je dormais minimum sept heures par nuit, j'ai enchaîné les examens, les écrits puis les oraux..

.. Et j'ai eu ma mention.

Le jour des résultats, j'étais assez content. Le lendemain, plus rien. J'ai même pris plus de plaisir à aller courir en forêt le soir de l'annonce de mes résultats que j'en ai eu à obtenir cette mention.

J'ai découvert à ce moment que le problème ne venait pas de mes résultats..

La vérité était que mes études ne me plaisaient plus.

C'est de cette frustration qu'est née ma chaîne YouTube. C'est à force de m'arracher les cheveux à apprendre des centaines de pages de cours et à perdre petit à petit mon enthousiasme que j'ai pris la décision de filmer mon année en droit sur Youtube.

Les deux projets allaient de paire car mes études me permettaient d'avoir du contenu à filmer (ma vie d'étudiant, mes astuces etc) et Youtube me mettait suffisamment de pression pour me motiver à travailler (si je réussissais mon année en droit, j'allais forcément gagner en crédibilité).

Et si je ne m'étais pas lancé sur Youtube, je n'aurais jamais écrit le livre que tu lis aujourd'hui.

Donc tu vois, indirectement, ce livre est le résultat de cette fameuse frustration que j'ai ressentie durant mes études.

C'est pourquoi tu dois faire deux choses désormais.

1- Faire une liste de choses que tu désires, de moments que tu as envie de vivre une fois dans ta vie (ou tous les jours de ta vie).

2- Faire en sorte de toujours comprendre ce qui se cache derrière tes colères et tes moments de tristesse. Comprends tes échecs et tes frustrations, ne te contente pas de les subir.

Parfois, tu ne comprendras la source de tes émotions que quelque temps plus tard.

L'important est de chercher d'où viennent tes frustrations.

D'en faire une habitude. D'immédiatement te demander pourquoi une chose t'énerve, te déprime ou te fait plaisir.

Ce sera parfois lié à ton enfance.

Ce sera parfois lié à un complexe.

Ce sera parfois lié à une déception.

Maintenant que tu as lu ce livre, tu sais l'importance de savoir identifier la source de tes émotions, positives comme négatives.

Tu sais aussi que tu peux recycler ces émotions et les utiliser de manière positive. La plupart des personnes préféreront se plaindre et subir sans chercher des solutions. Toi, tu peux faire le choix de créer quelque chose en partant de ces émotions fortes.

Vois la colère, la tristesse et la déception comme du terreau de qualité.

Ce sont les graines d'un futur projet, d'une nouvelle version de toi ou d'une grosse remise en question personnelle.

Arrose ces graines avec du travail et toute la discipline dont tu es actuellement capable et continue de progresser.

Plus tard, tu seras presque heureux d'avoir souffert, tu verras.

RÈGLE N°9 : SORS DE CHEZ TOI

Tout paraît plus triste quand on est seul dans un lit.

Tes complexes, tes insécurités, tes angoisses viennent souvent te taquiner quand tu es seul chez toi.

Tes complexes naissent quand tu es seul, allongé sur le canapé en train de regarder des photos retouchées sur Instagram.

C'est quand on est seul chez soi qu'une petite voix dans notre tête vient mettre le doute sur nos capacités.

- *Tu es sûr que tu es sur la bonne voie?*

- *Tu es sûr que tu es compétent pour faire ça?*

- *Comment tu peux savoir si c'est bien pour toi?*

- *Que va-t-on penser de toi si tu n'y arrives pas?*

- *C'est comme ça que tu comptes passer le reste de ta vie?*

- *Je suis pas assez ci, pas assez ça..*

- *Je suis trop ci, trop ça..*

- *Personne ne veut d'un gars/d'une fille comme moi..*

Attention.

C'est souvent à ce moment-là que tu prends de mauvaises décisions (t'enfermer chez toi encore plus, binge-watcher une série, regarder des vidéos que tu as déjà vu mille fois et qui ne t'intéressent même pas vraiment..)

Apprends à relativiser, car la réalité est souvent différente.

Tu as sûrement entendu parler du livre « Les 4 accords toltèques » de Miguel Ruiz.

Selon moi, l'accord toltèque le plus important est le troisième:

> “ *Ne fais pas de suppositions.*
>
> Autrement dit : la plupart de nos angoisses ne se réalisent que dans notre tête.

Nos réflexions nous angoissent bien plus que la réalité des choses.

La plupart de nos problèmes ne sont pas si graves que ça. C'est la représentation que l'on se fait soi-même du problème qui nous fait peur.

Alors ne passe pas trop de temps dans ta tête.

N'amplifie pas les choses.

Il y a certaines émotions qui s'opposent à la tristesse.

Un peu comme l'eau et l'huile, elles ne peuvent pas se mélanger.. La gratitude et la tristesse sont des émotions contraires. Elles ne se mélangent pas.

Plus tu ressentiras de la gratitude, plus ce sera difficile d'être jaloux de quelque chose ou de quelqu'un. La gratitude est une émotion très puissante à utiliser au quotidien.

Désormais, j'essaye d'être reconnaissant de tout.

Je suis content d'avoir des commentaires sous mes vidéos Youtube, je n'en ai pas toujours eu.

Quand il est 18h00 et que je n'ai pas fait grand chose de ma journée, je suis content d'avoir encore quelques heures devant moi pour essayer de faire quelque chose de cette journée.

Je ressens même de la gratitude dès le réveil, je suis reconnaissant d'avoir une journée en plus. J'aurais pu ne jamais me réveiller.

Fais une liste de choses pour lesquelles tu es reconnaissant : avoir deux bras et deux jambes qui te permettent de bouger, un toit qui te permet de dormir au chaud, des yeux qui te permettent d'observer, un cerveau qui te permet de réfléchir etc.

Fais en sorte de te sentir reconnaissant, de tout.

Continue de désirer des choses importantes pour toi tout en étant reconnaissant de ce que tu as déjà.

Mais revenons-en à la neuvième règle de ce livre : sors de chez toi.

Sors

Jordan Peterson le répète souvent : « *Get out* »

Le monde extérieur n'est pas si dangereux et effrayant que ça, c'est là-bas que ça se passe.

Sors de chez toi.

Prends le temps d'aller marcher dehors un peu chaque jour.

Sors aussi de ta zone de confort.

Et sors de ta tête, dégage toutes ces pensées négatives et culpabilisantes.

Et si tu ne peux pas sortir de chez toi..

Tu as de la chance, au XXIème siècle on peut apprendre énormément de choses de chez soi. Si tu me connais, c'est grâce à Internet. On ne se serait peut-être jamais connus en 1920 (sauf si on était habitants du même village).

Tu n'aurais pas pu choisir les personnes que tu voulais écouter.

Tu n'aurais pas pu sortir de nulle part comme tant de personnes le font de nos jours.

Aujourd'hui, tu n'as aucune excuse pour ne pas t'entourer de personnes positives et ambitieuses.

Si tu ne peux pas le faire physiquement, fais le virtuellement.

Tu peux tout faire grâce à Internet : vivre de ta passion avec Youtube, développer des compétences, rencontrer des personnes, te créer des opportunités, trouver un travail ou un stage sur Linkedin..)

Mais malgré tout, les plus belles expériences se trouvent dans la vraie vie et sont faites pour être partagées avec quelqu'un, parole de Youtuber.

Ne te cache pas.

Fais de ton appartement ou de ta chambre un endroit calme et inspirant. Pas une grotte dans laquelle tu t'enfermes.

Essaye de passer au moins une heure de la journée dehors.

Sors quand il fait jour, marche, écoute de la musique, travaille dans une bibliothèque ou regarde un *Study With Me*, entraîne-toi, cours, défoule-toi et endors-toi satisfait de ta journée.

Le monde extérieur n'est pas aussi effrayant qu'il en a l'air.

Les étudiants en droit ne sont pas si froids que ça.

Les professeurs ne sont pas aussi cruels qu'on le dit.

Le futur n'est pas aussi déprimant qu'on le présente.

Les opportunités ne sont pas aussi rares qu'on veut le faire croire.

Relativise.

Nous sommes tellement concentrés sur nos problèmes du quotidien que nous en oublions le principal : vivre.

À l'échelle de l'humanité, tu n'existes pas. Tes problèmes non plus.

Tu n'étais pas né pendant 10 milliards d'années et tu seras décédé pendant les 30 prochains milliards d'années.

Des personnes ont vécu avant toi et d'autres vivront après toi.

Tu intellectualises trop.

Profite du temps qui t'est alloué sur cette planète, rencontre de belles personnes, fais ce qui te fais peur et sois fier de ton parcours avant de laisser ta place aux autres.

La vie est courte.

« Vis une vie dont tu te souviendras » Avicii.

« La mort est la destination que l'on partage tous » Steve Jobs.

« Memento Mori » Souviens-toi que tu vas mourir.

On arrive à la dixième et dernière règle de ce livre..

Celle de ne dépendre de personne.

RÈGLE N°10 : NE DÉPENDS DE PERSONNE

Ni économiquement.

Ni professionnellement.

Ni émotionnellement.

Ne mets **jamais** tous tes œufs dans le même panier.

Fais toujours en sorte de toujours avoir quelque chose à faire après une journée difficile.

La tristesse, c'est de rentrer chez soi sans avoir rien à faire, ni personne à voir.

Nous n'avons pas tous les mêmes besoins d'indépendance. Cependant, tu ne peux pas te permettre de faire tourner ta vie autour d'une **seule** personne.

Nous ne pouvons pas nous permettre d'être dépendants d'une personne, d'un métier ou d'une habitude. C'est trop dangereux.

Les personnes souffrant le plus sont celles qui ont le sentiment d'avoir tout perdu.

Alors mets-toi dans une situation dans laquelle tu ne pourras jamais tout perdre d'un coup.

Plus tu répartis ta confiance dans des personnes et des projets différents, moins tu as de chance de tout perdre.

Protège toi.

Ne mets pas tous tes oeufs dans le même panier.

Si tu es en couple, ne fais pas tourner tout ton monde autour d'une seule personne.

Trouve un sport, un groupe de travail, un petit projet sur lequel travailler de ton côté etc.

Si tu es célibataire, profite de cette période pour investir des efforts un peu partout : sur toi, ton travail, tes études, tes passions, ta relation avec ta famille, ta vie sociale, ta relation avec toi-même, tes objectifs sportifs et financiers etc.

D'où l'idée de créer un plan anti-dépendance.

Qui pourrait ressembler à ça par exemple..

Le plan anti-dépendance

Au cœur de ce système, c'est toi.

Puis respectivement en partant d'en haut : tes animaux, les amis que tu peux appeler, tes objectifs, ta famille, ton sport, tes études, tes relations personnelles et tes finances.

L'idée est de toujours être dans une situation dans laquelle :

- Tu peux compter sur des personnes (sentiment d'être entouré)

- Des personnes comptent sur toi (sentiment de responsabilité)

Ce qui est dur, c'est d'être seul avec ses pensées, sans but et sans rien à faire. Car c'est à ce moment précis que des personnes en souffrance font généralement appel à des faux-amis : l'alcool, la drogue, les écrans, la mal-bouffe et la pornographie.

Ce sont des faux-amis car ils vont te donner quelque chose sur le court terme (satisfaction immédiate, oubli des problèmes)..

Mais ils vont forcément te prendre quelque chose en retour : ta santé, ta concentration, ton intelligence et ta capacité à aimer et avoir des relations saines.

L'idée n'est pas de te blâmer. Ça m'arrive aussi d'avoir des moments de faiblesse et ça t'arrivera encore plusieurs fois dans ta vie. L'idée est que tu mettes en place ce plan anti-dépendance pour te mettre dans une position confortable dans laquelle tu auras des objectifs, des relations saines et quelque chose à quoi te rattacher pour les mauvais jours..

Ce système va donner un sens à ta vie.

Pourquoi?

Car il va te donner un sens des responsabilités.

Ce sont les responsabilités qui donnent du sens à la vie.

Ce système va aussi te faire comprendre que tous ces éléments chers à tes yeux : tes études, ta famille, ta santé, tes finances et tes relations dépendent de toi.

(C'est pourquoi je t'ai mis au milieu de ce schéma, regarde bien)

Tu es l'acteur principal de ta vie, tu ne peux pas attendre tout des autres. Prends tes responsabilités. Plus tu te tireras vers le haut toi-même, plus tu aideras ton entourage.

Si tu vas bien, tes parents seront soulagés.

S'ils te voient réussir, ils seront fiers. Si tu travailles l'été et que tu prends soin de tes finances, tu pourras les aider financièrement.

Si tu t'aimes, ça sera plus simple pour les autres de t'aimer.

Si tu te valorises aussi.

Si tu ne te vois pas encore au stade de t'aimer toi-même, commence au moins par ne pas te mépriser.

Rappelle-toi, c'est ta responsabilité de prendre soin de toi, de ton corps, de tes objectifs et de ta famille.

Penser à autre chose

Quand tu es triste, tu ne demandes pas d'être heureux tout le temps, juste d'oublier ce qui te rend triste au moins quelques instants. C'est cette sensation de penser à autre chose qui fait du bien.

Et c'est justement le fait d'avoir des occupations (règle n°1) qui te permettra de concentrer ton esprit sur quelque chose d'autre.

Puis, quand tu repenseras à ce qui te rendait triste, tu seras quand même content d'avoir réussi à penser à autre chose, même si ce n'était que quelques minutes.

C'est ça que j'aime avec les séances de sport intensives : tu auras forcément des courts instants dans lesquels tu oublieras tout ce qui se passe dans ton quotidien.

Tu seras dans ta bulle, avec ta musique et tu te sentiras bien.

Le travail est également une bonne échappatoire aux problèmes du quotidien.

(Oui, on dit une échappatoire, j'ai vérifié)

Dans tous les cas : l'important est de trouver une activité qui te permet de penser à autre chose qu'à tes soucis. Et si cette activité ne te vole pas ta santé (alcool) ou ton estime de toi en échange (pornographie), alors tu peux lui faire confiance.

Puisque l'on parle de confiance, j'aimerais aussi parler un peu de la relation que l'on a avec ses parents.

Améliorer sa relation avec ses parents

Ayant fait ma première année de droit en habitant encore chez mes parents, je sais que l'on a parfois envie de plus d'indépendance.

C'est normal d'avoir quelques sautes d'humeur quand on est toujours avec sa famille. Il y a nécessairement plus d'énergie à gérer dans une maison familiale que dans un appartement d'étudiant.

Mais si je peux te donner quelques conseils basés sur mon expérience, les voici :

Tu regretteras souvent la présence de tes parents une fois que tu seras installé dans ton appartement. Ils te manqueront.

Si tes parents ont 50 ans aujourd'hui, ils en auront 70 plus vite que prévu. N'attends pas que tes parents ne puissent plus se déplacer pour organiser des balades avec eux.

Si tu n'arrives à leur dire que tu les aimes par la parole, fais le par les actions.

Plus simple : remercie-les de l'éducation qu'ils t'ont donnée.

Montre leur que tu progresses, que tu apprends des choses, que tu te remets en question, que tu te réfères aux valeurs qu'ils t'ont données.

Et si malgré tout, tu n'arrivcs toujours pas à améliorer la relation que tu as avec eux, essaye cette technique que j'ai appelé « l'accident ».

L'accident

Imagine-toi sur ton canapé, en fin d'après-midi.

Tu viens de finir ton goûter et tu réponds à quelques messages Instagram avant de retourner travailler.

À ce moment tu reçois un appel masqué.

Ce sont les gendarmes, qui t'annoncent que tes parents ont eu un accident de la route en rentrant du boulot.

Tu peux aussi t'imaginer prendre la voiture en vitesse, les rejoindre aux urgences, constater l'état des blessures etc.

(Oui c'est triste, mais attends).

Parfois on doit s'imaginer être en train de perdre quelque chose que l'on a pour se rendre compte de la valeur de ce que l'on a déjà.

Je ne te demande pas de le faire tous les jours mais de temps en temps, de t'en servir comme d'un rappel.

Tu peux visualiser d'autres événements tristes à condition que cela te serve, que ces visualisations te permettent de profiter de que tu as déjà, pas à te faire déprimer ou culpabiliser.

Ne dépends de personne.

C'était la dixième et dernière règle de ce livre.

ET MAINTENANT?

Tous les principes que l'on a vus peuvent devenir des futurs principes importants dans ton quotidien.

Ils pourront t'être utiles dans ta vie personnelle, sentimentale, universitaire, entrepreneuriale et contiennent le meilleur de ce que j'ai pu lire et découvrir au cours de ces dernières années.

Ces principes recoupent des notions importantes pour moi que sont la confiance en soi, la productivité, le travail et l'ambition.

Affiche tes principes préférés dans ta chambre, sur le mur de ton appartement, sur ton frigo, essaye de mémoriser ces règles par cœur.

L'essentiel est que tu puisses te souvenir d'au moins quelques règles de ce livre.

Tu peux aussi créer les tiennes bien sûr.

Personnellement, certains mots tels que “gratitude” ou “Memento Mori” sont tellement importants pour moi qu’ils seront peut-être un jour tatoués à l’encre sur mon bras..

Qui sait?

CONCLUSION

Quand on est étudiant, nous avons tendance à beaucoup nous disperser.

Sous l’effet du stress on peut vite prendre des décisions que l’on regrette ou ne pas agir quand il le faut. Les étudiants prennent plus de décisions basées sur la peur que sur l’envie.

C’est pourquoi avoir des règles et des principes fondamentaux auxquels je pouvais me référer tout au long de mes études m’a aidé à y voir plus clair.

C’est devenu plus simple de prendre des décisions.

C’est devenu moins pénible de travailler.

Les règles que l’on a vues dans ce livre te serviront au cours de ton cursus universitaire mais également dans ta future vie personnelle et professionnelle.

Maintenant c’est à toi de les appliquer, d’en modifier certaines et d’en créer d’autres.

Ce petit livre te donnera je l’espère, l’inspiration nécessaire pour remettre de l’ordre dans ta vie, mais c’est à toi de faire ta partie du travail désormais.

Ça ne sera pas simple

Être positif, ambitieux et discipliné paraît être mission impossible certaines journées.

Il y a des jours où tu en auras marre de chercher le positif.

Des journées où ça te paraîtra plus simple de critiquer, de chercher des responsables ou des personnes à envier.

Mais je t'assure que ça n'en vaut pas la peine.

Ne cherche pas de responsable à tes malheurs, considère-toi comme le responsable de la situation dans laquelle tu es.

Il n'y a rien de plus beau que de réussir petit à petit à reprendre le contrôle sur sa vie.

Il n'y a rien de plus enthousiasmant que de comprendre que nos petites actions quotidiennes peuvent avoir un énorme impact sur notre vie personnelle, professionnelle, sentimentale et financière.

Continue tes efforts, investis sur toi, crois en toi, travaille, remets-toi en question et avance.

Tu es une bonne personne. Ne souhaite pas de mal aux autres.

Continue de travailler sur toi. Tu récolteras très bientôt les fruits de tous tes efforts, et ce sera amplement mérité.

À bientôt,

Grégoire.

Où me retrouver?

- Le podcast des étudiants (par Grégoire Dossier) disponible sur Apple Podcasts, Google Podcasts, Deezer et Spotify.

- La newsletter des étudiants : gregoiredossier.com

- Ma chaîne Youtube : Grégoire Dossier

- Mon site Internet : gregoiredossier.com

- Le discord des étudiants : https://discord.gg/hcq4SFNbb4 (ou cherchez « Le discord des étudiants » sur l'application)

Tu as aimé le livre?

N'hésite pas à laisser un avis sur le livre et à me donner une appréciation entre 1 et 5 étoiles. Je lirai toutes les appréciations !

Printed by Amazon Italia Logistica S.r.l.
Torrazza Piemonte (TO), Italy

26695964R00050